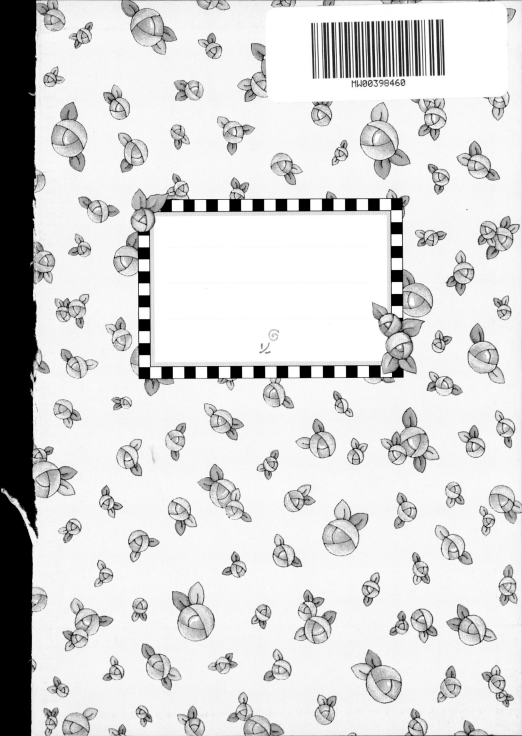

Nothing is worth . . .

. . . more than this day.

Nothing is worth . . .

. . . more than this day.

Nothing is worth. . .

. . . more than this day.

Nothing is worth . . .

. . . more than this day.

Nothing is worth . . .

. . . more than this day.

Nothing is worth . . .

. . . more than this day.

Nothing is worth . . .

. . . more than this day.

Nothing is worth . . .

. . . more than this day.

Nothing is worth . . .

. . . more than this day.

Nothing is worth. . .

. . . more than this day.

Nothing is worth . . .

. . . more than this day.

Nothing is worth . . .

... more than this day.

Nothing is worth . . .

. . . more than this day.

Nothing is worth . . .

. . . more than this day.

Nothing is worth . . .

. . . more than this day.

Nothing is worth . . .

. . . more than this day.

Nothing is worth . . .

. . . more than this day.

Nothing is worth . . .

. . . more than this day.

Nothing is worth . . .

. . . more than this day.

Nothing is worth . . .

. . . more than this day.

Nothing is worth . . .

. . . more than this day.

Nothing is worth . . .

. . . more than this day.

Nothing is worth . . .

. . . more than this day.

Nothing is worth . . .

. . . more than this day.

Nothing is worth . . .

. . . more than this day.

Nothing is worth . . .

. . . more than this day.

Nothing is worth . . .

. . . more than this day.

Nothing is worth . . .

. . . more than this day.

Nothing is worth . . .

. . . more than this day.

Nothing is worth . . .

. . . more than this day.

Nothing is worth. . .

. . . more than this day.

Nothing is worth . . .

. . . more than this day.

Nothing is worth . . .

. . . more than this day.

Nothing is worth . . .

. . . more than this day.

Nothing is worth...

. . . more than this day.

Nothing is worth . . .

. . . more than this day.

Nothing is worth . . .

. . . more than this day.

Nothing is worth . . .

. . . more than this day.

Nothing is worth . . .

. . . more than this day.

Nothing is worth . . .

. . . more than this day.

Nothing is worth . . .

. . . more than this day.

Nothing is worth . . .

. . . more than this day.

Nothing is worth . . .

. . . more than this day.

Nothing is worth . . .

. . . more than this day.

Nothing is worth . . .

. . . more than this day.

Nothing is worth . . .

. . . more than this day.

Nothing is worth . . .

. . . more than this day.

Nothing is worth . . .

. . . more than this day.

Nothing is worth . . .

. . . more than this day.

Nothing is worth . . .

. . . more than this day.

Nothing is worth . . .

. . . more than this day.

Nothing is worth . . .

... more than this day.

Nothing is worth . . .

... more than this day.

Nothing is worth . . .

. . . more than this day.

Nothing is worth . . .

. . . more than this day.

Nothing is worth . . .

... more than this day.

Nothing is worth . . .

. . . more than this day.

Nothing is worth . . .

. . . more than this day.

Nothing is worth . . .

. . . more than this day.

Nothing is worth . . .

. . . more than this day.

Nothing is worth . . .

. . . more than this day.

Nothing is worth . . .

. . . more than this day.

Nothing is worth . . .

. . . more than this day.

Nothing is worth . . .

. . . more than this day.

Nothing is worth . . .

... more than this day.

Nothing is worth . . .

. . . more than this day.

Nothing is worth . . .

. . . more than this day.

Nothing is worth . . .

. . . more than this day.

Nothing is worth . . .

. . . more than this day.

Nothing is worth . . .

. . . more than this day.

Nothing is worth . . .

. . . more than this day.

Nothing is worth . . .

. . . more than this day.

Nothing is worth . . .

. . . more than this day.

Nothing is worth . . .

. . . more than this day.

Nothing is worth . . .

. . . more than this day.

Nothing is worth . . .

. . . more than this day.

Nothing is worth . . .